Carolina Sonnenschein

Französisch an Stationen

SPEZIAL

Grammatik 1./2. Lernjahr

Auer Verlag

Die Herausgeber:

Marco Bettner: Rektor als Ausbildungsleiter, Haupt- und Realschullehrer, Referent in der Lehrerfort- und Lehrerweiterbildung

Dr. Erik Dinges: Rektor einer Förderschule für Lernhilfe, Referent in der Lehrerfort- und Lehrerweiterbildung

Die Autorin:

Carolina Sonnenschein: Fachlehrerin für Französisch und Katholische Religion in der Sekundarstufe I

Gedruckt auf umweltbewusst gefertigtem, chlorfrei gebleichtem und alterungsbeständigem Papier.

1. Auflage 2013
Nach den seit 2006 amtlich gültigen Regelungen der Rechtschreibung
© Auer Verlag
AAP Lehrerfachverlage GmbH, Donauwörth
Alle Rechte vorbehalten
Das Werk und seine Teile sind urheberrechtlich geschützt. Jede Nutzung in anderen als den gesetzlich zugelassenen Fällen bedarf der vorherigen schriftlichen Einwilligung des Verlages. Hinweis zu § 52a UrhG: Weder das Werk noch seine Teile dürfen ohne eine solche Einwilligung eingescannt und in ein Netzwerk eingestellt werden. Dies gilt auch für Intranets von Schulen und sonstigen Bildungseinrichtungen.
Illustrationen: Hendrik Kranenberg, Julia Flasche, Thorsten Trantow, Bettina Weyland, Steffen Jähde
Satz: krauß-verlagsservice, Augsburg
Druck und Bindung: Stückle Druck und Verlag, Ettenheim
ISBN 978-3-403-07119-8

www.auer-verlag.de

Inhaltsverzeichnis

Vorwort 4

Hinweise zu den Stationen 5

Fiche de bord 6

Indications de quantité

Station 1: On fait les courses! 7
Station 2: Au supermarché 8
Station 3: La liste des courses 9
Station 4: Une fête pour Nathalie 10
Station 5: Un kilo de … 11
Station 6: Le croque-monsieur à la parisienne 12
Station 7: Au marché 13
Station 8: Le caddie 14

Noms et articles

Station 1: Quel article indéfini faut-il? 15
Station 2: Toujours les articles! 16
Station 3: Les articles définis en désordre 17
Station 4: Quel article faut-il? 18
Station 5: Je voudrais cette robe bleue! .. 19
Station 6: Voilà ma famille! 20
Station 7: Quel est ton film préféré? 21
Station 8: À table! 22
Station 9: Un gâteau pour papi! 23
Station 10: Ah, non! Tous les tous manquent! 24

Présent

Station 1: Les verbes réguliers en -er 25
Station 2: Les verbes au présent 26
Station 3: Où sont les verbes «être – avoir – faire»? 27
Station 4: Aujourd'hui, je ne fais rien du tout! 28
Station 5: En allemand c'est … 29
Station 6: Non, non, non! 30
Station 7: Sortir, dire, venir 31

Passé composé

Station 1: Ce soir nous sommes très fatigués! 32
Station 2: Où est Coco? 33
Station 3: Le passé composé avec «être» 34
Station 4: Rendez-vous aux Galeries Lafayette 35
Station 5: Mes vacances de l'an dernier.. 36
Station 6: La lettre de Marie 37
Station 7: Zut! Des exceptions … 38

Futur composé

Station 1: Cet après-midi je vais … 39
Station 2: Toujours ces parents … 40
Station 3: Les vacances chez les grands-parents 41
Station 4: Et au futur? 42
Station 5: Je vais jouer avec toi! 43
Station 6: Il manque les verbes … 44
Station 7: On organise une fête! 45
Station 8: La journée de Marie 46

Questions

Station 1: Est-ce que tu connais les questions avec «est-ce que»? .. 47
Station 2: Qui es-tu? 48
Station 3: Un dialogue en désordre 49
Station 4: Toujours des questions! 50
Station 5: Mon petit frère a effacé mes devoirs! 51
Station 6: Comment ça se dit en français? 52
Station 7: Les mots croisés 53
Station 8: Qu'est-ce que ça veut dire? ... 54

Pronoms

Station 1: Je le comprends 55
Station 2: Oui, je le sais! 56
Station 3: Comment utiliser le pronom d'objet direct 57
Station 4: Je me demande … 58
Station 5: Lui ou leur? 59
Station 6: Je te le dis! 60
Station 7: Toujours la grammaire! 61

Solutions 62

Vorwort

Bei den vorliegenden Stationsarbeiten handelt es sich um eine Arbeitsform, bei der unterschiedliche Lernvoraussetzungen, unterschiedliche Zugänge und Betrachtungsweisen und unterschiedliche Lern- und Arbeitstempi der Schüler[1] Berücksichtigung finden. Die Grundidee ist, den Schülern einzelne Arbeitsstationen anzubieten, an denen sie gleichzeitig selbstständig arbeiten können. Die Reihenfolge des Bearbeitens der Einzelstationen ist dabei ebenso frei wählbar wie das Arbeitstempo und die Sozialform.

Als dominierende Unterrichtsprinzipien sind bei allen Stationen die Schülerorientierung und Handlungsorientierung aufzuführen. Schülerorientierung meint, dass der Lehrer in den Hintergrund tritt und nicht mehr im Mittelpunkt der Interaktion steht. Er wird zum Beobachter, Berater und Moderator.
Seine Aufgabe ist nicht das Strukturieren und Darbieten des Lerngegenstandes in kleinsten Schritten, sondern durch die vorbereiteten Stationen eine Lernatmosphäre zu schaffen, in der Schüler sich Unterrichtsinhalte eigenständig erarbeiten bzw. Lerninhalte festigen und vertiefen können.

Handlungsorientierung meint, dass das angebotene Material und die Arbeitsaufträge für sich selbst sprechen. Der Unterrichtsgegenstand und die zu gewinnenden Erkenntnisse werden nicht durch den Lehrer dargeboten, sondern durch die Auseinandersetzung mit dem Material und die eigene Tätigkeit gewonnen und begriffen.

Ziel der Veröffentlichung ist, wie bereits oben angesprochen, das Anknüpfen an unterschiedliche Lernvoraussetzungen der Schüler. Jeder Einzelne erhält seinen eigenen Zugang zum inhaltlichen Lernstoff. Die einzelnen Stationen ermöglichen das Lernen mit allen Sinnen bzw. den verschiedenen Eingangskanälen. Dabei werden sowohl visuelle (sehorientierte) als auch haptische (fühlorientierte) sowie intellektuelle Lerntypen angesprochen. An dieser Stelle werden auch gleichermaßen die Brunerschen Repräsentationsebenen (enaktiv bzw. handelnd, ikonisch bzw. visuell und symbolisch) mit einbezogen. Aus Ergebnissen der Wissenschaft ist bekannt: Je mehr Eingangskanäle angesprochen werden, umso besser und langfristiger wird Wissen gespeichert und damit umso fester verankert.

Das vorliegende Arbeitsheft unterstützt in diesem Zusammenhang das Erinnerungsvermögen, das nicht nur an Einzelheiten und Begriffe geknüpft ist, sondern häufig auch an die Lernsituation.

Folgende Inhalte des Französischunterrichts werden innerhalb der verschiedenen Stationen behandelt:

- Indications de quantité
- Noms et articles
- Présent
- Passé composé
- Futur composé
- Questions
- Pronoms

---

[1] Aufgrund der besseren Lesbarkeit ist in diesem Buch mit Schüler auch immer Schülerin gemeint, ebenso verhält es sich mit Lehrer und Lehrerin etc.

Hinweise zu den Stationen

Grundsätzlich sind die entsprechenden Stationsseiten zu einem grammatischen Komplex in entsprechender Anzahl zu vervielfältigen und den Schülern bereitzulegen. Als Möglichkeit zur Selbstkontrolle können Lösungsseiten erstellt werden.

Des Weiteren besteht die Möglichkeit, den Schülern Wörterbücher oder grammatische Beihefte bzw. Grammatikhefte oder das Lehrbuch als Hilfsmittel zu Verfügung zu stellen.

Abgesehen davon, können einzelne Stationen aus verschiedenen grammatischen Bereichen selbstverständlich kompetenzabhängig kombiniert und für die Stationsarbeit genutzt werden.

Bei einigen Stationen (z. B. Futur Station 5) empfiehlt es sich, einige Scheren oder auch Stifte zur Verfügung zu stellen, damit keine Unruhe durch Suchen in den Mäppchen entsteht.

Fiche de bord

pour _____

Stations obligatoires

Numéro de la station	accomplie	contrôlée
numéro _____		
numéro _____		
numéro _____		
numéro _____		
numéro _____		
numéro _____		
numéro _____		
numéro _____		
numéro _____		

Stations facultatives

Numéro de la station	accomplie	contrôlée
numéro _____		
numéro _____		
numéro _____		
numéro _____		
numéro _____		

Station 1

On fait les courses!

Name:

Indications de quantité

Exercice

Tu es au supermarché pour faire les courses. Il te faut beaucoup de choses. Ecris un dialogue entre le vendeur et toi en utilisant les mots de la case.

un kilo de trois bouteilles	tomates sucre
un paquet de	miel
un pot de 100 grammes de	jus de fruit
	eau
200 grammes de une bouteille de	jambon fromage

Toi: Bonjour, monsieur!

Le vendeur: _____

_____

_____

_____

_____

_____

_____

_____

_____

_____

_____

_____

_____

_____

_____

Indications de quantité

Station 2

Au supermarché

Name: _____

Exercice

Au supermarché tu entends un dialogue entre Mme Garnier et la vendeuse. Ecris les mots qui manquent dans le texte.

La vendeuse: Bonjour, Mme Garnier. Ça va?

Mme Garnier: Merci, madame je vais bien. Et vous?

La vendeuse: Moi, aussi. Vous désirez?

Mme Garnier: Aujourd'hui, je voudrais _____ (150 g Käse)

et _____ (200 g Schinken).

En plus il me faut _____ (1 Glas Marmelade)

et _____ (1 Schachtel Eier).

La vendeuse: Voilà. Et avec ça?

Mme Garnier: Je voudrais _____ (1 Flasche Milch),

_____ (4 Flaschen Wasser)

et _____ (3 Flaschen Orangensaft).

Est-ce que vous avez aussi _____ (ein wenig Zucker)?

La vendeuse: Oui, j'ai _____ (viel Zucker). Combien est-ce que vous en voulez?

Mme Garnier: Donnez-moi _____ (1 Päckchen Zucker), s'il vous plaît.

La vendeuse: Bien sûr. Voilà. Et avec ça?

Mme Garnier: Merci, c'est tout. Ça fait combien?

La vendeuse: Ça fait 24 euros.

Mme Garnier: Voilà. Merci.

La vendeuse: Merci et au revoir, madame Garnier.

Mme Garnier: Au revoir, madame.

Station 3

La liste des courses

Name:

Exercice

C'est samedi après-midi. Ta mère t'appelle pour faire une liste des courses. Tu regardes dans le frigo et dans le placard. Qu'est-ce que vous avez encore et qu'est-ce qu'il manque? Ecris un e-mail à ta mère dans lequel tu lui dis ce que tu sais.

Salut maman,

nous avons encore … _____

_____

_____

_____

Il nous faut encore … _____

_____

_____

_____

Station 4

Une fête pour Nathalie

Name: _____

Indications de quantité

Exercice
Travaillez à deux!

Partenaire 1	Partenaire 2
A: Pour la fête de Nathalie, il nous faut _____ (15 Flaschen Cola).	A: Pour la fête de Nathalie, il nous faut **quinze bouteilles de coca**.
B: Oui, et **vingt bouteilles d'eau**.	B: Oui, et _____ (20 Flaschen Wasser).
A: En plus, _____ (5 Liter Fruchtsaft).	A: En plus, **cinq litres de jus de fruit**.
B: Et **trois paquets de croissants**.	B: Et _____ (3 Päckchen Croissants).
A: N'oublie pas d'acheter _____ (genug Brot).	A: N'oublie pas d'acheter **assez de pain**.
B: Bien sûr! Et **beaucoup de fromage** et **un peu de beurre**.	B: Bien sûr! Et _____ (viel Käse) et _____ (ein bisschen Butter).
A: Nous n'avons _____ (keine Schokolade mehr)!	A: Nous n'avons **plus de chocolat**!
B: Ah, non! Et on n'a **pas d'oranges**.	B: Ah, non! Et on n'a _____ (keine Orangen).
A: Oui, mais nous avons _____ (genug Äpfel) et _____ (zu viele Zitronen).	A: Oui, mais nous avons **assez de pommes** et **trop de citrons**.
B: On a encore **combien de glace**?	B: On a encore _____ (wie viel Eis)?
A: Encore _____ (mehr als vier Liter)!	A: Encore **plus de quatre litres**!
B: **Tant de glace**! C'est assez pour la fête.	B: _____ (So viel Eis)! C'est assez pour la fête.

10

Station 5

Un kilo de …

Name:

Indications de quantité

Exercice 1

Traduis du français les expressions suivantes. Trouve les expressions qui vont ensemble.

1. un kilo de …
2. une bouteille de …
3. deux moitiés de …
4. un pot de …
5. une tablette de …
6. un tube de …
7. un tas de …
8. un paquet de …
9. une tasse de …
10. un verre de …
11. un million de …
12. un groupe de …
13. une minorité de …
14. une tranche de …
15. une pincée de …
16. un sachet de …
17. un centilitre de …
18. un millilitre de …

a) ein Paket/Päckchen …
b) eine Prise …
c) eine Gruppe …
d) ein Zentiliter …
e) ein Kilo …
f) ein Milliliter …
g) eine Million …
h) ein Topf/Glas …
i) eine Minderheit von …
j) eine Flasche …
k) ein Beutel …
l) zwei Hälften von …
m) eine Scheibe …
n) eine Tube …
o) eine Tasse …
p) eine Tafel …
q) ein Haufen …
r) ein Glas …

Exercice 2

Choisis cinq expressions et fais des phrases en utilisant ces expressions.

_____
_____
_____
_____
_____
_____
_____

Station 6 — Le croque-monsieur à la parisienne

Indications de quantité

Name:

Exercice 1

Ta copine française doit traduire les ingrédients d'une recette française. Est-ce que tu peux l'aider?

8 Scheiben (Toast)brot _____

2 Scheiben Schinken _____

30 g Butter _____

30 g Mehl _____

25 cl Milch _____

1 Prise (geriebene) Muskatnuss _____

1 Beutel (geriebener) Käse _____

etwas Salz _____

etwas Pfeffer _____

Exercice 2

Plus tard elle t'envoie la recette en français. Est-ce que tu la comprends? Comment est-ce qu'on fait un «croque-monsieur à la parisienne»?

1) Allume le four à 200 °C. Pour la sauce béchamel: fais fondre le beurre dans une casserole à feu doux. Ajoute la farine et mélange.

2) Verse le lait peu à peu en remuant jusqu'à ce que la sauce frémisse. Ajoute du sel, du poivre et une pincée de muscade.

3) Beurre une tranche de pain. Recouvre-la d'une demi-tranche de jambon, puis d'un peu de béchamel. Pose la deuxième tranche de pain dessus. Fais la même chose pour les trois autres croque-monsieur.

4) Nappe le tout de béchamel et recouvre de fromage. Fais cuire au four 10 minutes, puis 4 minutes au gril. Sers chaud, avec une salade verte.

Station 7

Au marché

Name:

Exercice 1

Au marché on achète beaucoup de choses. Vous voulez jouer une scène mais le texte est en désordre. Mets les phrases en ordre.

- Donnez-moi huit artichauts, monsieur, et encore dix citrons et deux pamplemousses.
- Oui, j'ai des artichauts. Combien est-ce que vous voulez?
- En plus je voudrais une pastèque.
- Bonjour. Je voudrais un kilo de tomates, s'il vous plaît.
- Voilà les tomates. Et avec ça?
- Bonjour, madame. Vous désirez?
- Voilà les concombres et les champignons. Et avec ça?
- Merci, madame. Ça fait 23 euros.
- Il me faut encore deux concombres et une barquette de champignons.
- Voilà, monsieur. Et au revoir.
- Merci. À vous aussi.
- Deux kilos de pommes de terre. Est-ce que vous avez aussi des artichauts?
- Voilà les citrons et les pamplemousses.
- Oh, j'ai seulement des melons.
- C'est tout, merci. Ça fait combien?
- Alors je prends deux melons et un kilo de bananes.
- Au revoir et bonne journée.
- Et avec les melons et les bananes?

Exercice 2

Jouez cette scène à deux.

Station 8

Le caddie

Name:

Exercice 1

Au supermarché quelqu'un a confondu les caddies. À cause de cela tu vas à l'information pour décrire le caddie qui est encore là.

Dans le caddie il y a _____

Exercice 2

Dessine ton caddie et décris ce qu'il y avait dedans.

Station 1

Quel article indéfini faut-il?

Name:

Exercice 1

Quels sont les articles indéfinis que tu connais?

	masculin	féminin
singulier		
pluriel		

Exercice 2

Cherche les articles indéfinis qui vont avec les noms! Ecris-les sur les lignes; écris ensuite l'article et le nom dans le tableau ci-dessous.

une   un   des   une   une   un   un   une   des   un   des   un

_____ copain   _____ fille   _____ garçon   _____ copine

_____ livres   _____ devoirs   _____ quiche   _____ chien

_____ parents   _____ école   _____ lycée   _____ chat

masculin	féminin

Noms et articles

Station 2

Toujours les articles!

Name:

Exercice 1

Trouve les mots qui sont cachés dans le serpent, écris-les dans le tableau et ajoute l'article indéfini.

copainmonsieurdamefilleclassecollègevillegarçontableélèvequartierbaguetteécolecahierprofesseurlivre

masculin	féminin

Station 3 — Les articles définis en désordre

Name:

Exercice 1

Quels sont les articles définis que tu connais?

	masculin	féminin	une voyelle / <h> muet
singulier			
pluriel			

Exercice 2

Cherche les articles définis qui vont avec les noms. Ecris-les sur les lignes.

> le   le   la   l'   les
> l'   le   le   la   la   les   les

_____ ami   _____ pomme   _____ cousin   _____ tante

_____ pantalons   _____ devoirs   _____ tarte   _____ cheval

_____ oncles   _____ amie   _____ cahier   _____ stylo

Exercice 3

Ajoute les articles définis.

- Tom, qui est-ce? C'est _____ chien de la famille Rioche.
- Qu'est-ce que c'est? C'est _____ école de Marie.
- C'est _____ casquette de Nathalie.
- Ce sont _____ photos de Thierry.

Noms et articles

Station 4

Quel article faut-il?

Name:

Exercice 1

Complète les phrases en ajoutant l'article necessaire.

- Voilà _____ chien. C'est _____ chien de Thomas.
- Voici _____ cahier. C'est _____ cahier de Mme Laroche.
- Voilà _____ livres. Ce sont _____ livres de M. Klein.
- Voici _____ voiture. C'est _____ voiture de M. et Mme Bresson.
- Voilà _____ bouteilles. Ce sont _____ bouteilles de Paul.
- Voici _____ arbre. C'est _____ arbre de Mika.
- Voilà _____ fille. C'est _____ fille de Mme Lefort.
- Voici _____ crayons. Ce sont _____ crayons de Yann.

Exercice 2

Ecris encore six phrases comme dans l'exercice 1.

_____

_____

_____

_____

_____

_____

Exercice 3

Quels sont les articles définis et indéfinis que tu connais?

		masculin	féminin	une voyelle/<h> muet
l'article indéfini	singulier			
	pluriel			
l'article défini	singulier			
	pluriel			

Station 5

Je voudrais cette robe bleue!
Les noms et les adjectifs

Name:

Exercice 1

Trouve les mots (vêtements et adjectifs de couleur) cachés dans l'énigme (vertical, horizontal, diagonal). Puis complète le texte en bas avec ces mots. Attention: Pense à vérifier que les sujets et les adjectifs vont ensembles!

X	P	U	L	L	-	O	V	E	R	A	S	C	V	O	T	G	Y	N	Z	V	G	C	A	W
H	K	L	Q	Y	T	N	C	M	J	W	B	S	N	O	I	R	E	S	X	U	O	H	W	K
Y	R	F	R	O	B	E	J	B	Q	I	L	V	E	R	C	R	I	Q	W	P	Y	A	Z	T
H	X	Y	N	M	L	A	W	J	X	R	O	U	G	E	K	R	W	J	F	H	G	U	M	T
G	R	I	S	X	M	R	Z	K	U	R	W	J	L	A	Q	C	Z	T	L	W	P	S	X	E
I	H	U	X	P	Y	O	O	M	B	L	E	U	E	W	L	H	C	H	L	I	P	S	R	E
T	U	V	Y	O	N	S	M	Z	U	L	Q	P	S	S	Y	E	N	I	V	M	L	U	S	-
Q	M	J	F	A	Y	E	B	M	J	B	R	I	W	X	P	M	N	T	E	O	W	R	L	S
H	S	A	W	X	D	P	R	K	B	L	A	N	C	F	H	I	Z	S	S	A	T	E	M	H
C	Y	Q	N	Z	K	R	W	I	A	A	P	W	X	J	U	S	Y	K	T	L	L	S	W	I
V	I	N	V	T	M	Q	X	Z	H	N	I	X	W	M	R	I	Y	I	E	L	S	E	Q	R
E	H	B	V	M	E	T	Z	X	U	C	A	T	O	F	V	E	R	X	L	K	H	G	F	T
R	E	G	D	B	J	A	C	N	E	H	D	C	M	F	X	R	Z	H	B	J	U	P	E	L
T	F	Z	M	K	R	A	U	S	S	E	T	K	B	R	W	D	Q	Y	L	Z	T	E	M	G

Louise est dans un magasin et veut essayer des vêtements. Elle demande à la vendeuse de lui donner ces vêtements: une _ _ _ _ _   _ _ _ _ _ _ _, un _ _ _ _ _ _ _ _ _ _ _   _ _ _ _ _,

une _ _ _ _ _   _ _ _ _ _ _, des _ _ _ _ _ _ _ _ _ _ _ _ _ _ _ _ _   _ _ _ _ _ _ _,

un _ _ _ _ _ _ _ _ _ _ _ _   _ _ _ _ _ _, un _ _ _ _ _-_ _ _ _ _   _ _ _ _ _ _ _,

une _ _ _ _ _ _ _ _ _ _ _ _ _ _ _ _ et un _ _ _ _-_ _ _ _ _ _ _   _ _ _ _ _ _.

Exercice 2

Quelques vêtements sont trop grands ou trop petits. Fais quatre phrases concernant ces vêtements.
Exemple: Le jean bleu est trop petit.

_____

_____

_____

_____

Station 6

Voilà ma famille!
Les déterminants possessifs

Name:

Exercice 1

Marie, Paul et Louise regardent des photos de Marie et parlent de sa famille! Ajoute les déterminants possessifs.

- le grand-père (Jérôme)
- la grand-mère (Sophie)
- le père (Yann)
- la mère (Nadine)
- l'oncle (Laurent)
- la tante (Mathilde)
- la tante (Michelle)
- le frère (Pierre)
- Marie
- la sœur (Julie)
- la cousine (Denise)
- le cousin (Frédéric)
- le chien (Idéfix)

Marie: Ça, c'est _____ père. Il s'appelle Yann. Nadine est _____ mère.

Puis il y a _____ frère Pierre et _____ sœur Julie. Jérôme est _____ grand-père et Sophie est _____ femme.

Paul: Et ce monsieur? C'est _____ oncle?

Marie: Oui, c'est _____ oncle Laurent.

Louise: Il est le frère de _____ mère?

Marie: Oui, il est _____ frère. Et Michelle est _____ sœur.

Paul: Et qui est-ce?

Marie: C'est Mathilde. Elle est la femme de _____ oncle.

Paul: Alors, Mathilde et Michelle sont _____ tantes. Et le chien?

Marie: Ben, Frédéric est _____ cousin et Idéfix est _____ chien.

Exercice 2

Maintenant à toi! Fais ton arbre généalogique. Écris les prénoms des membres de ta famille. Ecris d'abord les déterminants possessifs sur les lignes. (_____ grands-parents, _____ parents, _____ frères et sœurs, _____ oncles et _____ tantes, _____ cousins et _____ cousines).

Station 7

Quel est ton film préféré?
Le déterminant interrogatif «quel»

Exercice 1

Tu écris un email à ton copain français qui fait un stage au Québec. Traduis les phrases suivantes.

1. Welcher ist dein Lieblingsfilm?

2. Welcher Sänger ist dein Lieblingssänger?

3. Welches ist dein Lieblingslied?

4. Welche deutschen Filme kennst du?

5. Wie viel Uhr ist es in Kanada?

6. Wie ist deine Adresse (dort)?

7. Aus welcher Stadt kommt dein Freund Mike?

8. In welches Kino gehst du?

9. An welchem Tag kommst du wieder nach Paris?

Exercice 2

Où se trouve le Québec? Recherche des informations sur Internet (le pays, les habitants, les attractions touristiques, …).

Station 8

À table!
L'article partitif

Name:

Exercice

Il est neuf heures et demie. À dix heures vos amis viennent pour le petit-déjeuner. Tu demandes à ta copine Florence si vous avez tout ce qu'il faut. Utilise l'article partitif!

Florence, est-ce qu'on a **du lait**, _____

_____

_____

_____

_____ ?

Station 9

Un gâteau pour papi!
L'article partitif

Name:

Exercice 1

Aujourd'hui, c'est l'anniversaire de ton grand-père. Tu veux lui faire un gâteau.
Regarde la recette.
Est-ce que tu as tous les ingrédients nécessaires à la maison?
Ecris une liste des produits que tu dois encore acheter.

Le gâteau au chocolat	Le glaçage ultra crémeux au chocolat
- 1 tablette de chocolat noir fondu, refroidi (100 g), - 3 cuillères à soupe de cacao - 2 ½ tasses de farine (300 g) - 2 cuillères à café de vanille - 3/4 tasse de margarine molle (180 g) - 1 ½ tasse de sucre (300 g) - 3 gros oeufs - 1 cuillère à café de fécule de maïs - ½ cuillère à café de levure chimique - 1 pincée de sel - 1 ⅓ tasses de lait (325 ml)	- ⅓ tasse de margarine molle (80 g) - 1 ½ tasses de sucre glace (150 g) - ¼ plus ⅛ tasses de cacao (38 g) - 1 cuillère à café de vanille - ¼ tasse de lait (60 ml)

Pour le gâteau, il faut encore ...

... du chocolat, _____

_____

_____

_____

_____

_____

Pour le glaçage, il faut encore ... _____

_____

_____

_____

Station 10

Ah, non! Tous les tous manquent!
Le déterminant «tout»

Name:

Exercice 1

Quelles sont les formes du mot «tout»? Ajoute-les et traduis ensuite.

	masculin	féminin
singulier	_____ le cahier	_____ la page
pluriel	_____ les garçons	_____ les filles

Exercice 2

Complète les phrases en bas avec la forme corrècte du déterminant «tout»!

1. Elle a invité _____ les élèves de sa classe.

2. Il y a le feu dans la forêt; _____ les animaux sont en danger.

3. Marie est malade. Elle dort _____ la nuit et _____ la journée.

4. _____ les filles ont eu peur.

5. _____ les garçons n'ont pas eu peur.

6. Il a perdu _____ les livres.

7. Mme Carrière a travaillé _____ sa vie.

8. M. Bonheur a survécu à _____ les catastrophes.

9. Je suis en retard. _____ la circulation est bloquée!

10. Nicolas a déménagé au Québec. _____ sa classe lui a écrit une lettre.

Station 1

Les verbes réguliers en -er

Name:

Exercice 1

Comment est-ce qu'on conjugue un verbe régulier en -er?

je chant_____   nous chant_____

tu chant_____   vous chant_____

il, elle, on chant_____   ils, elles chant_____

Exercice 2

Ajoute les formes correctes des verbes entre parenthèses!

1. Je _____ (chercher) mon livre.

2. Il _____ (aimer) le football.

3. Nous _____ (préparer) un gâteau.

4. Marie _____ (chanter) une chanson.

5. Elles _____ (chercher) le marché aux puces.

6. Nous _____ (détester) les devoirs.

7. Nicolas et toi, vous _____ (parler) du film?

8. Je _____ (manger) un sandwich.

9. On _____ (regarder) la télé.

10. Tu _____ (chercher) quelque chose?

11. Vous _____ (aimer) Paris?

12. Ils _____ (trouver) une maison à Strasbourg.

Station 2

Les verbes au présent

Name:

Exercice 1

Trouve les mots qui sont cachés dans le serpent. Puis conjugue les verbes et écris-les dans le tableau de conjugaison!

aimertrouverchercherdétesterregarderparlerdiscuterhabiter

l'infinitif				
je				
tu				
il/elle/on				
nous				
vous				
ils/elles				

l'infinitif				
je				
tu				
il/elle/on				
nous				
vous				
ils/elles				

Exercice 2

Choisis trois verbes et écris trois phrases.

_____

_____

Station 3

Où sont les verbes «être – avoir – faire»?

Name:

Exercice 1

Cherche les conjugaisons des verbes *être*, *avoir* et *faire* dans l'énigme. Puis ajoute les conjugaisons qui manquent dans le tableau ci-dessous.

X	L	M	Q	Z	C	A	R	A	W	A	S	C	V	O	T	G	Y	N	Z	V	G	C	A	W
H	K	L	Q	Y	T	N	C	I	J	W	B	S	M	Y	R	B	U	F	X	U	O	X	W	K
F	A	I	T	E	S	E	J	B	Q	I	L	V	E	R	C	R	I	A	W	P	Y	G	Z	T
H	X	Y	N	M	L	A	W	J	X	Q	C	U	W	E	K	R	W	I	F	H	G	H	M	M
K	J	I	Q	X	M	T	Z	K	U	R	W	J	L	A	Q	G	Z	T	L	W	P	I	X	J
I	H	U	X	A	V	O	N	S	K	Z	E	C	E	W	L	I	C	H	L	I	P	S	R	W
T	U	V	Y	O	N	S	M	Z	U	L	Q	P	S	S	O	M	N	I	F	M	L	U	S	L
Q	M	J	F	A	Y	V	B	M	J	T	R	I	W	N	P	N	N	T	T	O	W	I	L	Y
H	S	O	N	T	D	P	R	K	V	L	W	N	T	F	H	D	Z	S	Z	A	T	S	M	Q
C	Y	E	S	T	K	R	W	I	A	W	P	W	X	J	U	S	Y	K	T	L	L	S	W	J
S	I	N	V	G	M	Q	X	F	A	I	S	X	W	M	R	K	Y	I	D	L	S	E	Q	R
T	F	Z	M	K	R	A	U	S	S	Y	T	K	B	R	W	D	Q	Y	L	Z	T	E	M	G

Présent

	avoir	être	faire
je			
tu			
il/elle/on			
nous			
vous			
ils/elles			

Exercice 2

Quel verbe faut-il ajouter?

1. Nous _____ de Paris.

2. Je _____ beaucoup de sport.

3. Ils _____ 24 ans.

Station 4

Aujourd'hui, je ne fais rien du tout!
La négation

Name:

Exercice

Aujourd'hui tu ne veux rien faire. Écris ce que tu ne fais pas aujourd'hui en utilisant les expressions en bas.

faire mes devoirs	aller faire les courses	apprendre le vocabulaire
ranger ma chambre	acheter une baguette	jouer avec ma petite sœur
faire la vaisselle	chercher la clé de maman	prendre une douche

Aujourd'hui, je _____

_____

_____

_____

_____

_____

_____

_____

_____

_____

Station 5

En allemand c'est …

Name:

Exercice

Écris les traductions des verbes à l'infinitif à côté de l'infinitif allemand.
Puis cherche les verbes qui vont ensemble.

1. je vois
2. ils viennent
3. il fait
4. nous sommes
5. tu mets
6. ils prennent
7. tu veux
8. vous écrivez
9. elles attendent
10. tu joues
11. elle peut
12. vous dites
13. je préfère
14. nous mangeons
15. j'achète

a) kommen –
b) sein –
c) wollen –
d) sehen –
e) bevorzugen –
f) spielen –
g) legen / stellen –
h) essen –
i) schreiben –
j) nehmen –
k) machen –
l) warten –
m) kaufen –
n) können –
o) sagen –

Présent

Station 6

Non, non, non!

Exercice 1

Traduis les négations en allemand!

ne … pas: _____

ne … plus: _____

ne … jamais: _____

ne … rien: _____

ne … personne: _____

Exercice 2

Marie est vraiment énervée!
Sa copine Sophie vient chez elle et lui pose des questions.

Sophie: Salut! Tu fais encore tes devoirs?

Marie: Non, _____!

Sophie: Tu vas au cinéma avec Marc et Philippe?

Marie: Non, _____!

Sophie: Tu as rendez-vous avec quelqu'un?

Marie: Non, _____!

Sophie: Tu vois Michel?

Marie: Non, _____!

Sophie: Mais, qu'est-ce que tu as?

Marie: _____!

Sophie: Alors, calme-toi et viens avec moi.

Marie: Bon, d'accord.

Station 7

Sortir, dire, venir

Name:

Exercice 1

Il y a des problèmes! On ne peut pas lire tous les mots ... ajoute les conjugaisons qui manquent.

	sortir	dire	venir
je	sors		viens
tu			viens
il/elle/on		dit	vient
nous	sortons	disons	
vous			
ils/elles			
Imperativ	Sors! Sortons! Sortez!		

Exercice 2

Ecris deux phrases avec chaque verbe.

___
___
___
___
___
___

Station 1

Ce soir nous sommes très fatigués!

Name:

Exercice 1

Ce soir, nous sommes vraiment très fatigués parce que nous avons fait beaucoup de choses. Raconte ce que nous avons fait.

papa maman notre chien mes grands-parents moi (je) ma sœur et mon frère	travailler au magasin creuser un trou laver le linge arroser les fleurs dans le jardin ranger leurs chambres jouer au foot

_____
_____
_____
_____
_____
_____

Exercice 2

Qu'est-ce que nous avons fait encore? Ecris cinq phrases de plus.

_____
_____
_____
_____
_____

Passé composé

Station 2

Où est Coco?

Exercice 1

Coco, le perroquet de la famille Toussaint a disparu. La famille l'a cherché pendant des heures. Quand le père rentre à la maison, Michelle lui raconte l'histoire.

«Papa! Coco n'est plus là! On _____ (chercher) partout! Maman

_____ (monter) à l'étage et elle _____ (regarder)

dans votre chambre. Marie et Maurice _____ (descendre)

et ils _____ (chercher) au sous-sol.

Sophie _____ (sortir) et elle _____ (entrer)

dans le garage. Mais là non plus, elle _____ (ne pas trouver) Coco.

Les grands-parents _____ (arriver) et ils _____ (rester)

pendant deux heures. Maintenant ils _____ (partir). Charles aussi,

il _____ (nous aider). Il _____ (aller) dans le

salon et dans la cuisine. Marie _____ (aller) dans sa chambre.

Et moi, je _____ (regarder) dans ma chambre.

RIEN! Coco n'est plus là, papa!» Le père _____ (écouter) toute

l'histoire, puis il _____ (aller) dans la salle de bain et … voilà: Coco retrouvé:

Il _____ (jouer) pendant des heures avec le canard!

Passé composé

Station 3: Le passé composé avec «être»

Name: _____

Exercice 1

Complète le texte suivant.

Wie du sicherlich noch weißt, wird das passé composé der meisten Verben mit der konjugierten Form von „_____" (haben) gebildet. Einige Verben haben als Hilfsverb allerdings das Verb „_____" (_____). Hierbei handelt es sich hauptsächlich um Verben der _____.

Wie war das nochmal? Die Präsensformen dieses Verbs lauten:

je _____   nous _____

tu _____   vous _____

il/elle/on _____   ils/elles _____

Wenn du dir dieses Haus anschaust, kannst du die Verben erkennen, die ihr passé composé mit „être" bilden:

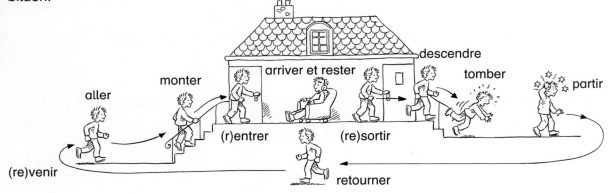

Exercice 2

Ecris ces verbes dans le tableau et ajoute la forme du passé composé!

verbe	passé composé	verbe	passé composé
	je		ils
	tu		je
	il		tu
	nous		elle
	vous		nous
	elles		

Station 4

Rendez-vous aux Galeries Lafayette

Name:

Exercice 1

Complète le texte suivant.

Man muss bei Verben, die das passé composé mit dem Hilfsverb „être" bilden, eine **wichtige Besonderheit** beachten. Das participe passé muss _____

_____!

Für das Verb „aller" (_____) sieht das passé composé dann so aus:

	masculin	féminin
singulier	il	elle
pluriel	ils	elles

Man kann sich dies folgendermaßen merken:
Ähnlich wie ein Adjektiv wird auch das participe passé bei Verben mit dem Hilfsverb «être»
_____.

Das participe passé richtet sich hier dann in _____ und

_____ nach dem Subjekt des Satzes!

Du weißt auch schon von den Personalpronomen, dass man selbst wenn nur ein einziger Mann in einer großen Gruppe von Frauen ist, das Pronomen „ils" (und nicht nach der Mehrheit „elles") verwendet. Dies gilt auch für die Angleichung des participe passé.

Exemple: Marie, Sophie, Mme Laroche, Julie, Jeanne, Louise et Frédéric _____

_____ (aller) au cinéma.

Exercice 2

Complète avec la terminaison correcte.

-ée/-é/-ées
-ies/-is/-ie
-ées/-é/-ée
-u/-ue/-us
-ées/-é/-ée
-u/-ue/-us
-ées/-és/-é
-u/-ue/-ues
-ues/-us/-ue
-ée/-é/-és

1. Aujourd'hui, Mme Laroche est all_____ aux Galeries Lafayette.
2. Elle est part_____ de la maison à une heure et demie.
3. A deux heures moins vingt, elle est arriv_____ à la station de métro devant les Galeries.
4. Son amie Mme Dujardin est ven_____ en voiture.
5. Les deux amies sont mont_____ au troisième étage.
6. M. Dujardin, le mari de Mme Dujardin, est ven_____ aussi.
7. Ils sont rest_____ ensemble pendant une heure.
8. Puis, M. Dujardin est descend_____.
9. Les deux femmes ont acheté plusieurs choses, puis elles sont descend_____ aussi.
10. Tout à coup, le sac de Mme Laroche est tomb_____ par terre. Heureusement tout s'est bien terminé!

Passé composé

Station 5

Mes vacances de l'an dernier

Name:

Exercice

Ecris ce que tu as fait pendant tes vacances de l'an dernier (au minimum dix phrases!).
Tu peux utiliser les idées suivantes mais – si tu veux – tu peux aussi écrire autre chose.

- écouter de la musique
- aller au cinéma
- manger une glace
- apprendre le français
- surfer sur Internet
- danser
- faire de la musique
- aller chez les grands-parents
- regarder la télé
- jouer au volley
- lire un livre
- aller au zoo

Passé composé

Station 6

La lettre de Marie

Name:

Exercice

Tu as reçu une lettre de Marie. Ton copain Frédéric vient te voir. Tu lui parles de la lettre de Marie et de ce qu'elle a fait la semaine dernière. Transforme la lettre au passé composé.

> Salut,
>
> j'espère que tu vas bien?! Moi, je suis à Paris. C'est très intéressant! Aujourd'hui je vais au Louvre. Puis je prends le métro pour la tour Eiffel. Je monte sur la tour et je prends des photos de la ville. À l'opéra je regarde le plafond décoré par Marc Chagall. L'après-midi, ma copine Elise et moi, nous faisons un pique-nique au bord de la Seine. Puis nous allons sur l'île de la Cité et nous entrons à Notre-Dame. La cathédrale me plaît beaucoup. Je vois le soleil derrière les très jolis vitraux*. Ensuite nous avons rendez-vous avec le cousin d'Elise. Nous montons sur la tour de Notre-Dame, et après vingt minutes nous descendons. Puis je rentre à l'auberge de jeunesse et je mange un sandwich. Ensuite je regarde les photos de ma journée à Paris.
>
> A bientôt! Grosses bises d'ici!
>
> Marie

* Plur. von vitrail = Kirchenfenster

Station 7

Zut! Des exceptions …

Name:

Exercice

Travaillez à deux. Quelles sont les formes correctes de ces verbes irréguliers?

Partenaire 1	**Partenaire 2**
A: être malade → Il _____.	A: être malade → Il **a été** malade.
B: avoir du beau temps → Nous **avons eu** du beau temps.	B: avoir du beau temps → Nous _____.
A: faire mes devoirs → Je _____.	A: faire mes devoirs → **J'ai fait** mes devoirs.
B: écrire und lettre → Ils **ont écrit** une lettre.	B: écrire une lettre → Ils _____.
A: prendre le train → Nous _____.	A: prendre le train → Nous **avons pris** le train.
B: venir à la maison → Pierre et Philippe **sont venus** à la maison.	B: venir à la maison → Pierre et Philippe _____.
A: apprendre une langue étrangère → Tu _____.	A: apprendre une langue étrangère → Tu **as appris** une langue étrangère.
B: voir sa grand-mère → Elle **a vu** sa grand-mère.	B: voir sa grand-mère → Elle _____.
A: pleuvoir → Il _____.	A: pleuvoir → Il **a plu**.
B: comprendre la leçon → Vous **avez compris** la leçon.	B: comprendre la leçon → Vous _____.
A: lire un livre → Elles _____.	A: lire un livre → Elles **ont lu** un livre.
B: mettre la table → Nous **avons mis** la table.	B: mettre la table → Nous _____.

Passé composé

Station 1

Cet après-midi je vais …

Name:

Exercice 1

Das futur composé heißt so, da es aus _____

und _____ zusammengesetzt wird.

Nur zu Wiederholung: Das Verb _____ (gehen) wird so konjugiert:

je _____   nous _____

tu _____   vous _____

il/elle/on _____   ils/elles _____

Exercice 2

Cet après-midi, tu n'as pas cours. Alors tu veux faire beaucoup de choses. Fais des phrases en utilisant les expressions ci-dessous.

> téléphoner à Aurélie   aller au cinéma   dormir
> jouer au foot
> faire un gâteau   faire du shopping   prendre un bain

_____

_____

_____

_____

_____

_____

_____

Futur composé

Station 2

Toujours ces parents …

Name:

Exercice 1

Vous allez faire une excursion avec votre classe pour une semaine. Super! Mais les parents ont toujours des conseils … Que disent les parents?

1. *Ex.: Vous allez téléphoner à la maison chaque soir* _____!
   (vous, téléphoner à la maison chaque soir)

2. _____!
   (tu, se brosser les dents)

3. _____!
   (tu, se laver les cheveux)

4. _____!
   (tu, prendre une douche)

5. _____!
   (vous, ne pas boire d'alcool)

6. _____!
   (vous, ne pas manger trop)

7. _____!
   (vous, ne pas se blesser)

8. _____!
   (vous, être gentil avec les profs)

9. _____!
   (tu, ranger la chambre)

10. _____!
    (vous, être calme pendant la nuit)

Exercice 2

Ecris encore deux autres conseils des parents.

_____

_____

Futur composé

Station 3 — Les vacances chez les grands-parents

Name:

Exercice

Tu vas passer les vacances chez tes grands-parents. Qu'est-ce que tu vas/vous allez faire? Ecris dix phrases. Tu peux utiliser les expressions suivantes si tu veux.

- jouer aux cartes
- (se reposer)
- aller au marché aux puces =) Flohmarkt
- pêcher = angeln
- aller à la piscine
- aller au cinéma
- plonger (tauchen)
- faire du cheval = reiten
- jouer au foot
- acheter des baskets
- dessiner (zeichnen)
- écrire des cartes postales
- regarder la télé

1. ___!
2. ___!
3. ___!
4. ___!
5. ___!
6. ___!
7. ___!
8. ___!
9. ___!
10. ___!

Futur composé

Station 4

Et au futur?

Name:

Exercice 1

Réécris le texte au futur composé.

Je prends le petit-déjeuner. Je mange un croissant et un pain au chocolat. Je bois du jus d'orange. [Après, je sors.] Je vais au collège. À midi, je mange à la cantine. Puis je fais mes devoirs et je joue au handball. Je rentre à la maison. Je prends une douche, je regarde la télé et je surfe sur Internet. Je vais au lit et je dors toute la nuit.

_____
_____
_____
_____
_____
_____
_____
_____

Exercice 2

Qu'est-ce que tu fais encore? Ecris trois phrases avec trois autres activités.

_____
_____
_____
_____
_____
_____

Futur composé

Station 5

Je vais jouer avec toi!

Name:

Exercice

Travaillez à deux. Découpez les cartes, puis prenez un dé et jouez l'un après l'autre (1 = je, 2 = tu, 3 = il/elle/on, 4 = nous, 5 = vous, 6 = ils/elles). Faites des phrases avec les verbes au futur composé!

aller	trouver	manger
chercher	jouer	voir
lire	faire	travailler
regarder	parler	écrire
nager	plonger	courir
écouter	mettre	poser
pouvoir	vouloir	boire
chanter	danser	dormir

Futur composé

Station 6

Il manque les verbes …

Name:

Exercice 1

Ajoute les verbes en utilisant le futur composé.

1. Les grands-parents de Noëlle _____ (faire) de l'escalade, mais ils _____ (ne pas faire) du roller.

2. Sophie _____ (aller) au club de golf avec ses parents.

3. Moi, je _____ (chercher) un cadeau pour ma mère, je _____ (aller en ville). Alors, _____ _____ (ne pas rester) à la maison.

4. Nous _____ (jouer) au volley. Et toi?

   Est-ce que tu _____ avec nous?

   Ou est-ce que tu _____ (faire) de la danse?

Exercice 2

Réponds aux questions en utilisant le futur composé.

1. Est-ce que vous allez regarder un film?

   Oui, _____

2. Est-ce que tu vas travailler comme médecin?

   Non, _____

3. Est-ce que Paul va faire de la musique?

   Non, _____

4. Est-ce que tu vas faire tes devoirs?

   Oui, _____

5. Est-ce que nous allons manger à sept heures?

   Oui, _____

6. Est-ce que Louise et Mathilde vont dessiner une affiche?

   Non, _____

Station 7

On organise une fête!

Exercice 1

Traduis les phrases suivantes, utilise le futur composé.

1. Wir organisieren ein Fest!

2. Adrienne bereitet die Plakate vor.

3. Du wirst Céline anrufen.

4. Thierry und Madeleine kaufen Limo, Kuchen und Chips.

5. Paul bringt seine CDs mit. = apporter

6. Thomas und Frédéric laden Justine und Sarah ein.

7. Meine Eltern bringen Speckkuchen für uns mit. ≠ une quiche — Verb s.o.

8. Wir feiern die ganze Nacht!

Exercice 2

Qu'est-ce qui manque encore? Écris deux phrases.

Futur composé

45

Station 8

La journée de Marie
Le futur composé

Name:

Exercice

Ecris des phrases concernant la journée de Marie en utilisant le futur composé!

6 h 20:	se lever
6 h 30:	prendre une douche
7 h 15:	aller au collège
7 h 45:	arriver au collège
13 h 00:	aller à la cantine
16 h 00:	aller à la maison
16 h 15 – 17 h 00:	faire de la musique
18 h 00 – 18 h 30:	discuter avec sa mère
21 h 45:	aller au lit

A six heures vingt, Marie va se lever.

Station 1

Est-ce que tu connais les questions avec «est-ce que»?

Name:

Exercice

Transforme les questions suivantes en questions avec «est-ce que».

1. Tu habites Rue Gustave Eiffel?

2. Tu aimes l'Allemagne?

3. Vous venez avec moi?

4. Elle joue au foot?

5. Tu as des chiens?

6. Mme Laroche, vous aimez Strasbourg?

7. Tu manges un sandwich?

8. Nous allons au cinéma?

9. On va à la maison?

Station 2

Qui es-tu?

Name: _____

Exercice

On joue aux dominos! Cherchez la question française et sa traduction allemande.

Was ist das?	Où est-ce que tu habites?	Wo wohnst du?	Comment tu t'appelles?
Wie heißt du?	Qu'est-ce que tes amis font ce soir?	Was machen deine Freunde heute Abend?	Quand est-ce que tu vas à l'école?
Wann gehst du in die Schule?	Pourquoi est-ce que tu ne joues pas?	Warum spielst du nicht?	Qui est-ce?
Wer ist das?	Quand est-ce que le film commence?	Wann fängt der Film an?	Comment est-ce que tu trouves «Zaz»?
Wie findest du „Zaz"?	Où est-ce que tu passes tes vacances?	Wo verbringst du deine Ferien?	Qui est ton acteur préféré?
Wer ist dein Lieblings-schauspieler?	Combien ça fait?	Wie viel macht das?	Pourquoi est-ce qu'il ne vient pas?
Warum kommt er nicht?	Que fait ton oncle?	Was macht dein Onkel?	Qu'est-ce que c'est?

Questions

48

Station 3

Un dialogue en désordre

Name:

Exercice

Frédéric a déménagé. Il fait la connaissance d'Alain. Complète le dialogue ci-dessous en utilisant les phrases proposées.

- Bon, d'accord. Allons au cinéma!
- Aujourd'hui c'est mon anniversaire. Maintenant j'ai treize ans.
- Oui, ça va bien. Et toi?
- J'ai un frère et une sœur.
- Je m'appelle Alain. Et toi?
- J'habite juste à côté du magasin là-bas.
- Quel film est-ce que tu veux voir?
- Je m'appelle Frédéric.
- Quel âge as-tu?
- Oui. Est-ce que tu habites ici?
- Moi, super.
- Est-ce que tu as des frères et sœurs?

- Salut! Ça va?
  _____
  _____

- Comment tu t'appelles?
  _____
  _____
  _____

- J'ai douze ans. Et toi?
  _____

- Ce n'est pas possible! Alors: Joyeux anniversaire!
- Tu es nouveau ici, non?
  _____

- Non, j'habite rue de l'Église. C'est à cinq minutes d'ici. Et toi?
  _____
  _____

- J'ai une sœur. Et toi?
  _____

- Tu viens au cinéma avec moi?
  _____

- «Le Petit Nicolas» – c'est cool!
  _____

Station 4

Toujours des questions!

Name:

Exercice

Pose des questions concernant les images avec les interrogatifs entre parenthèses.

   la tour Eiffel (où)

   (quand) papa rentre à la maison

   M. et Mme Dupont (que)

   lire une liste (qui)

   (que) Frédéric

   (avec qui) Sophie

    (pourquoi) tu

Station 5

Mon petit frère a effacé mes devoirs!

Name: _____

Exercice 1

Ton petit frère a effacé tes devoirs! Tu as formulé des questions mais maintenant il manque quelques mots. Ajoute les mots qui manquent.

> pourquoi quelle où combien que
> où quand que qui comment

1. _____ tu t'appelles?

2. _____ vous êtes en retard?

3. _____ sont mes chaussures?

4. _____ est-ce que Marine vient?

5. _____ est ton prof préféré?

6. _____ est-ce qu'ils font à Paris?

7. _____ heure est-il, s'il vous plaît?

8. Ça coûte _____ ?

9. _____ est-ce que je trouve la pharmacie?

10. _____ est-ce qu'il y a dans le carton de maman?

Exercice 2

Pose encore cinq questions.

_____ ?

_____ ?

_____ ?

_____ ?

_____ ?

Station 6

Comment ça se dit en français?

Name:

Exercice

Traduis les questions suivantes en français.

1. Wo wohnst du?
   _____

2. Wann kommen Paul und Manon?
   _____

3. Was magst du?
   _____

4. Wie viele Schuhe hast du?
   _____

5. Warum hast du Sophies Buch?
   _____

6. Wie heißt „Schwimmbad" auf Französisch?
   _____

7. Wo ist die Bibliothek?
   _____

8. Wer ist das?
   _____

9. Wer hat Hunger?
   _____

Station 7

Les mots croisés

Name: _____

Exercice

Traduis les questions et trouve le mot au milieu.

[Crossword grid with 9 rows]

1. Wo ist Papa?
2. Wie geht's?
3. Was denkst du?
4. Wer ist Pierre?
5. Wann kommst du?
6. Was machst du?
7. Wie alt sind sie?
8. Wer ist das?
9. Einverstanden?

Solution: _____ ?

Questions

Station 8

Qu'est-ce que ça veut dire?

Name: _____

Exercice 1

Cherche les mots qui vont ensemble.

comment combien	wie viel was
où quand	wann
pourquoi	wer wie
que qui	wo warum

Exercice 2

Choisis quatre interrogatifs avec lesquels tu formules des questions. Ensuite, traduis-les en allemand.

_____?

(D: _____)

_____?

(D: _____)

_____?

(D: _____)

_____?

(D: _____)

54

Station 1

Je le comprends

Name:

Exercice 1

Quels sont les pronoms d'objet direct? Ecris-les dans le tableau.

1. Pers. Sg. → _____		1. Pers. Pl. → _____	
2. Pers. Sg. → _____		2. Pers. Pl. → _____	
3. Pers. Sg. (m.) → _____		3. Pers. Pl. (m.) → _____	
3. Pers. Sg. (f.) → _____		3. Pers. Pl. (f.) → _____	

Exercice 2

Remplace les mots soulignés par les pronoms d'objet direct.

1. Claire aime l'école.

   _____.

2. Noah prend la confiture.

   _____.

3. Tu apportes le pain?

   _____?

4. Ils mettent les bouteilles dans le frigo.

   _____.

5. Nous regardons les photos de la famille.

   _____.

6. Elle prend une photo de la tour Eiffel.

   _____.

7. Vous vendez aussi le jean rouge là-bas?

   _____.

8. On mange aussi le chocolat?

   Non, _____.

Station 2

Qui, je le sais!

Exercice 1

Ajoute les pronoms d'objet direct qui manquent.

1. Michelle aime les chemises bleues? Oui, elle _____ aime beaucoup.

2. Frédéric donne une BD à Louise. Maintenant Louise _____ regarde dans sa chambre.

3. Mes grands-parents aiment le rap. Ils _____ préfèrent à la musique classique!

4. M. Renard achète des billets de train. Il _____ achète samedi matin.

5. Dorothée a faim. Elle veut manger une poire. Alors, elle _____ prend.

6. Maurice veut regarder un match de foot avec ses amis. Il _____ attend devant le stade.

7. La prof montre un film à la classe. Elle _____ montre à la classe cet après-midi!

8. Thomas et Marc préparent leur projet? Non, ils _____.

9. Comment tu trouves Audrey Tautou? Je _____ trouve super!

10. Les parents prennent des photos. Plus tard ils _____ montrent aux enfants.

Exercice 2

Écris encore trois autres exemples.

_____

_____

_____

Station 3 — Comment utiliser le pronom d'objet direct

Name:

Exercice 1

Colorie d'une même couleur les phrases qui correspondeut.

Tu vois mon chien?	Oui, je la prends.	Ja, ich esse sie.
Tu prends une photo du collège?	Oui, je les mange.	Ja, ich finde sie.
Tu trouves mes chaussures?	Oui, je le vois.	Ja, ich mache es.
Tu manges les quiches?	Oui, je les trouve.	Ja, ich sehe ihn.

Exercice 2

Thierry aime dessiner! Il dessine beaucoup.

1. Il _____ dessine.

2. Il _____ dessine.

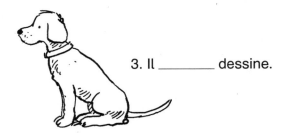

3. Il _____ dessine.

4. Il _____ dessine.

Station 4

Je me demande ...

Exercice 1

Quels sont les pronoms d'objet indirect? Ecris-les dans le tableau.

1. Pers. Sg.	→ _____	1. Pers. Pl.	→ _____
2. Pers. Sg.	→ _____	2. Pers. Pl.	→ _____
3. Pers. Sg. (m.)	→ _____	3. Pers. Pl. (m.)	→ _____
3. Pers. Sg. (f.)	→ _____	3. Pers. Pl. (f.)	→ _____

Exercice 2

Remplace les mots soulignés par les pronoms d'objet indirect.

1. Chloé écrit une lettre <u>à son amie</u>.

   _____ .

2. Hugo demande notre avis <u>à nous</u>.

   _____ .

3. Les parents racontent une histoire <u>aux enfants</u>.

   _____ .

4. Tu donnes une glace <u>à Michelle</u>.

   _____ .

5. Nous écrivons des cartes postales <u>aux grands-parents</u>.

   _____ .

6. Elle téléphone <u>à sa copine</u>.

   _____ .

7. Vous dites votre adresse <u>au policier</u>.

   _____ .

8. On parle <u>à maman</u>?

   Non, _____ .

Station 5

Lui ou leur?

Name: _____

Exercice

Travaillez à deux. Remplacez les mots soulignés en utilisant le pronom d'objet indirect.

Partenaire 1	Partenaire 2
A: Marie donne son cahier <u>à son amie Chloé</u>.	A: Marie **lui** donne son cahier.
B: Xavier et Philippe **leur** racontent une histoire.	B: Xavier et Philippe racontent une histoire <u>à Yann et Frédéric</u>.
A: La mère montre la maison <u>à la voisine</u>.	A: La mère **lui** montre la maison.
B: Tu **lui** racontes tout!	B: Tu racontes tout <u>au prof</u>!
A: Le vendeur explique son problème <u>aux policiers</u>.	A: Le vendeur **leur** explique son problème.
B: M. Bavard **lui** parle.	B: M. Bavard parle <u>à son patron</u>.
A: Je ne dis rien <u>à mon frère</u>!	A: Je ne **lui** dis rien!
B: Nous ne **leur** parlons plus.	B: Nous ne parlons plus <u>à Mme Noir et M. Blanc</u>.
A: Le garçon dit au revoir <u>à ses amis</u>.	A: Le garçon **leur** dit au revoir.
B: Tom et Arthur **lui** donnent un gâteau.	B: Tom et Arthur donnent un gâteau <u>à Sophie</u>.

Station 6

Je te le dis!

Name:

Exercice 1

Ajoute les pronoms de complément d'objet nécessaires.

Paul a un problème avec Frédéric. Il en parle à ses parents.

Il _____ montre son livre.

Frédéric a dessiné des petits bonhommes de neiges.

Il _____ a dessinés à la page 96 du livre.

Ses parents _____ demandent beaucoup de choses.

Les parents: «Paul, tu as parlé à tes copains? Tu _____ as raconté ce que Frédéric a fait?»

Mais Paul ne _____ parle plus.

Paul raconte: «Mes copains ne _____ croient pas! Ils pensent que j'ai dessiné cela moi-même.»

Alors les parents écrivent une lettre.

Ils _____ écrivent à Mme Laroche, la maman de Frédéric.

Ils _____ disent ce que son fils a fait.

Plus tard, Mme Laroche téléphone à Paul.

Elle _____ dit qu'elle a parlé à Frédéric.

Il _____ a dit qu'il a dessiné dans le livre.

Le lendemain il va parler aux copains et il va _____ dire ce qu'il a fait.

Le lendemain, Frédéric vient chez Paul: «Paul, je _____ demande pardon.»

Paul: «D'accord. Mais ne _____ fais plus!»

Frédéric: «Promis!»

Station 7

Toujours la grammaire!

Name:

Exercice 1

Ton copain t'écrit un e-mail. À l'école ils apprennent «les pronoms d'objet direct et indirect» mais il ne comprend rien du tout! Alors, il te demande de lui expliquer ce «phénomène». Explique-lui la différence entre le pronom d'objet direct et le pronom d'objet indirect.

_____

_____

_____

_____

_____

Exercice 2

Quelles phrases peut-on transformer en utilisant un pronom d'objet direct ou un pronom d'objet indirect? Coche la bonne case dans le tableau et réécris les phrases en utilisant ces pronoms.
Attention: Pour les phrases 2, 6 et 8 il y a deux réponses possibles!

1) Je cherche Cécile.
2) Ils montrent les photos à Jeanne.
3) Tu aimes ta ville?
4) Nous téléphonons au prof?
5) Marc invite ses amis.
6) Vous donnez un CD à vos amis?
7) Tu cherches ton sac à dos?
8) Elle raconte une histoire aux enfants.

	pronom d'objet direct	pronom d'objet indirect	phrase transformée
1			
2			
3			
4			
5			
6			
7			
8			

Station 1: On fait les courses! — Page 7

Toi: Bonjour, monsieur!
Le vendeur: Bonjour! Vous désirez?
Toi: Je voudrais un kilo de tomates et un pot de miel, s'il vous plaît.
Le vendeur: Voilà. Et avec ça?
Toi: En plus, il me faut encore trois bouteilles d'eau et une bouteille de jus de fruit.
Le vendeur: Voilà les bouteilles. Et avec ça?
Toi: S'il vous plaît, donnez-moi un paquet de sucre, 100 grammes de jambon et 200 grammes de fromage.
Le vendeur: Bien sûr. Les-voilà. Et avec ça?
Toi: C'est tout. Merci.
Le vendeur: Ça fait 16 euros, s'il vous plaît.
Toi: Voilà. Au revoir, monsieur et merci.
Le vendeur: Merci. Au revoir et bonne journée

Station 2: Au supermarché — Page 8

La vendeuse: Bonjour, Mme Garnier. Ça va?
Mme Garnier: Merci, madame je vais bien. Et vous?
La vendeuse: Moi, aussi. Vous désirez?
Mme Garnier: Aujourd'hui, je voudrais 150 grammes de fromage et 200 grammes de jambon. En plus il me faut un pot de confiture et une boîte d'œufs.
La vendeuse: Voilà. Et avec ça?
Mme Garnier: Je voudrais une bouteille de lait, quatre bouteilles d'eau et trois bouteilles de jus d'orange. Est-ce que vous avez aussi un peu de sucre?
La vendeuse: Oui, j'ai beaucoup de sucre. Combien est-ce que vous en voulez?
Mme Garnier: Donnez-moi un paquet de sucre, s'il vous plaît.
La vendeuse: Bien sûr. Voilà. Et avec ça?
Mme Garnier: Merci, c'est tout. Ça fait combien?
La vendeuse: Ça fait 24 euros.
Mme Garnier: Voilà. Merci.
La vendeuse: Merci et au revoir, madame Garnier.
Mme Garnier: Au revoir, madame.

Station 3: La liste des courses — Page 9

Salut maman,
nous avons encore un kilo de farine, deux kilos de pommes, 250 grammes de beurre, un pot de confiture, 500 grammes d'oignons et quatre pots de miel.
Il nous faut encore deux briques de lait, une boîte d'œufs, un paquet de sucre et trois kilos de pommes de terre.

Station 5: Un kilo de … — Page 11

Exercise 1

1 e), 2 j), 3 l), 4 h), 5 p), 6 n), 7 q), 8 a), 9 o), 10 r), 11 g), 12 c), 13 i), 14 m), 15 b), 16 k), 17 d), 18 f)

Exercice 2

Il a gagné un million d'euros.
Elle boit une tasse de café.
Pour le gâteau, il faut ajouter une pincée de sel.
Est-ce que tu as un sachet de sucre vanillé?
Il y a encore deux moitiés de pommes.

Station 6: Le croque-monsieur à la parisienne — Page 12

Exercice 1

huit tranches de pain (de mie)
deux tranches de jambon
30 grammes de beurre
30 grammes de farine
vingt-cinq centilitres de lait
une pincée de noix muscade
un paquet de fromage (râpé)
un peu de sel
un peu de poivre

Exercice 2

1. Heize den Backofen auf 200 °C vor. Für die Béchamel-Soße: Schmelze die Butter in einem Töpfchen auf niedriger Stufe. Füge das Mehl hinzu und vermische es.
2. Gieße nach und nach unter ständigem Rühren Milch hinzu, bis die Sauce köchelt. Gib Salz, Pfeffer und eine Prise Muskatnuss hinzu.
3. Bestreiche eine Scheibe Brot mit Butter. Belege sie mit einer halben Scheibe Schinken und gib dann ein wenig Soße darüber. Lege eine zweite Scheibe Toastbrot darauf. Mache das Gleiche für die drei weiteren „croque-monsieur".
4. Gieße nun die restliche Soße darüber und bedecke alles mit dem geriebenen Käse. Überbacke das Ganze 10 Minuten im Ofen und schließlich 4 Minuten mit Grillfunktion. Serviere sie warm mit einem grünen Salat.

Station 7: Au marché — Page 13

- Bonjour, madame. Vous désirez?
- Bonjour. Je voudrais un kilo de tomates, s'il vous plaît.
- Voilà les tomates. Et avec ça?
- Il me faut encore deux concombres et une barquette de champignons.
- Voilà les concombres et les champignons. Et avec ça?
- Deux kilos de pommes de terre. Est-ce que vous avez aussi des artichauts?
- Oui, j'ai des artichauts. Combien est-ce que vous voulez?
- Donnez-moi huit artichauts, monsieur, et encore dix citrons et deux pamplemousses.
- Voilà les citrons et les pamplemousses.
- En plus je voudrais une pastèque.
- Oh, j'ai seulement des melons.
- Alors je prends deux melons et un kilo de bananes.
- Et avec les melons et les bananes?
- C'est tout, merci. Ça fait combien?
- Merci, madame. Ça fait 23 euros.
- Voilà, monsieur. Et au revoir.
- Au revoir et bonne journée.
- Merci. À vous aussi.

Station 8: Le caddie — Page 14

Exercice 1

Dans le caddie il y a trois bouteilles d'eau, un litre de lait, deux paquets de pâtes, un kilo de farine, deux kilos de pommes de terre, une barquette de tomates, deux bouteilles de coca et cinq poires.

Station 1: Quel article indéfini faut-il?

Page 15

Exercice 1

	masculin	féminin
singulier	un	une
pluriel	des	des

Exercice 2

masculin	féminin
un copain	une fille
un garçon	une école
un lycée	une quiche
un chien	une copine
un chat	
des livres	
des devoirs	
des parents	

Station 2: Toujours les articles!

Page 16

masculin	féminin
un copain	une dame
un monsieur	une fille
un collège	une classe
un garçon	une ville
un élève	une table
un quartier	une élève
un cahier	une baguette
un professeur	une école
un livre	une professeur

Station 3: Les articles définis en désordre

Page 17

Exercice 1

	masculin	féminin	une voyelle/<h> muet
singulier	le	la	l'
pluriel	les	les	les

Exercice 2

l'ami   la pomme   le cousin   la tante
les pantalons   les devoirs   la tarte   le cheval
les oncles   l'amie   le cahier   le stylo

Exercice 3

- Tom, qui est-ce? C'est le chien de la famille Rioche.
- Qu'est-ce que c'est? C'est l'école de Marie.
- C'est la casquette de Nathalie.
- Ce sont les photos de Thierry.

Station 4: Quel article faut-il?

Page 18

Exercice 1

- Voilà un chien. C'est le chien de Thomas.
- Voici un cahier. C'est le cahier de Mme Laroche.
- Voilà des livres. Ce sont les livres de M. Klein.
- Voici une voiture. C'est la voiture de M. et Mme Bresson.
- Voilà des bouteilles. Ce sont les bouteilles de Paul.
- Voici un arbre. C'est l'arbre de Mika.
- Voilà une fille. C'est la fille de Mme Lefort.
- Voici des crayons. Ce sont les crayons de Yann.

Exercice 2

Voilà une casquette. C'est la casquette de Léa.
Voilà une école. C'est l'école de François.
Voilà des chats. Ce sont les chats d'Amélie.
Voici une gomme. C'est la gomme de Carla.
Voici une prof. C'est la prof de Maud.
Voici un cadeau. C'est le cadeau de M. Rolland.

Exercice 3

		masculin	féminin	une voyelle/<h> muet
l'article indéfini	singulier	un	une	un / une
	pluriel	des	des	des
l'article défini	singulier	le	la	l'
	pluriel	les	les	les

Station 5: Je voudrais cette robe bleue!

Page 19

Exercice 1

X	P	U	L	L	-	O	V	E	R	A	S	C	V	O	T	G	Y	N	Z	V	G	C	A	W
H	K	L	Q	Y	T	N	C	M	J	W	B	S	N	O	I	R	E	S	X	U	O	H	W	K
Y	R	F	R	O	B	E	J	B	Q	I	L	V	E	R	C	R	I	Q	W	P	Y	A	Z	T
H	X	Y	N	M	L	A	W	J	X	R	O	U	G	E	K	R	W	J	F	H	G	U	M	T
G	R	I	S	X	M	R	Z	K	U	R	W	J	L	A	Q	C	Z	T	L	W	P	S	X	E
I	H	U	X	P	Y	O	O	M	B	L	E	U	E	W	L	H	C	H	L	I	P	S	R	E
T	U	V	Y	O	N	S	M	Z	U	L	Q	P	S	S	Y	E	N	I	V	M	L	U	S	-
Q	M	J	F	A	Y	E	B	M	J	B	R	I	W	X	P	M	N	T	E	O	W	R	L	S
H	S	A	W	X	D	P	R	K	B	L	A	N	C	F	H	I	Z	S	S	A	T	E	M	H
C	Y	Q	N	Z	K	R	W	I	A	A	P	W	X	J	U	S	Y	K	T	L	L	S	W	I
V	I	N	V	T	M	Q	X	Z	H	N	I	X	W	M	R	I	Y	I	E	L	S	E	Q	R
E	H	B	V	M	E	T	Z	X	U	C	A	T	O	F	V	E	R	X	L	K	H	G	F	T
R	E	G	D	B	J	A	C	N	E	H	D	C	M	F	X	R	Z	H	B	J	U	P	E	L
T	F	Z	M	K	R	A	U	S	S	E	T	K	B	R	W	D	Q	Y	L	Z	T	E	M	G

Louise est dans un magasin et veut essayer des vêtements. Elle demande à la vendeuse de lui donner ces vêtements: une robe bleue, un manteau gris, une jupe rose, des chaussures noires, un chemisier blanc, un pull-over rouge, une veste blanche et un tee-shirt vert.

Exercice 2

Le manteau gris est trop petit.
Le chemisier blanc est trop grand.
La veste blanche est trop petite.
La robe bleue est trop grande.

Station 6: Voilà ma famille!

Page 20

Exercice 1

Marie: Ça, c'est mon père. Il s'appelle Yann. Nadine est ma mère. Puis il y a mon frère Pierre et ma sœur Julie. Jérôme est mon grand-père et Sophie est sa femme.
Paul: Et ce monsieur? C'est ton oncle?
Marie: Oui, c'est mon oncle Laurent.
Louise: Il est le frère de ta mère?
Marie: Oui, il est son frère. Et Michelle est sa sœur.
Paul: Et qui est-ce?
Marie: C'est Mathilde. Elle est la femme de mon oncle.
Paul: Alors, Mathilde et Michelle sont tes tantes. Et le chien?
Marie: Ben, Frédéric est mon cousin et Idéfix est son chien.

Exercice 2

mes grands-parents, mes parents, mes frères et sœurs, mes oncles et mes tantes, mes cousins et mes cousines

Station 7: Quel est ton film préféré?

Page 21

Exercice 1

1. Quel est ton film préféré?
2. Quel est ton chanteur préféré?
3. Quelle est ta chanson préférée?
4. Quels films allemands connais-tu?
5. Quelle heure est-il au Canada?
6. Quelle est ton adresse (là-bas)?
7. De quelle ville vient ton ami Mike?
8. A quel cinéma vas-tu?
9. Quel jour reviens-tu à Paris?

Exercice 2

p.ex.: la capitale nationale du Québec (une des provinces de l'Est du Canada), env. 500 700 habitants, la Bibliothèque Gabrielle-Roy, la basilique-cathédrale Notre-Dame de Québec, l'Aquarium du Québec, le Jardin zoologique du Québec, le Grand Théâtre de Québec avec le théâtre du Trident, le Carnaval de Québec, la plus grande ville: Montréal, …

Station 8: À table!

Page 22

Florence, est-ce qu'on a **du lait**, du jus d'orange, de l'eau, du chocolat/cacao, de la baguette, des croissants, de la confiture, du miel, du beurre, des œufs, du sel, du sucre, du fromage, du jambon, du yaourt et du gâteau?

Station 9: Un gâteau pour papi!

Page 23

Pour le gâteau, il faut encore …
… du chocolat, du cacao, de la farine, de la vanille, de la margarine, du sucre, des œufs, de la fécule de maïs, de la levure chimique, du sel et du lait. Pour le glaçage, il faut encore de la margarine, du sucre glace, du cacao, de la vanille et du lait.

Station 10: Ah, non! Tous les tous manquent!

Page 24

Exercice 1

	masculin	féminin
singulier	tout le cahier das ganze Heft	toute la page die ganze Seite
pluriel	tous les garçons alle Jungen	toutes les filles alle Mädchen

Exercice 2

1. Elle a invité tous les élèves de sa classe.
2. Il y a le feu dans la forêt, tous les animaux sont en danger.
3. Marie est malade. Elle dort toute la nuit et toute la journée.
4. Toutes les filles ont eu peur.
5. Tous les garçons n'ont pas eu peur.
6. Il a perdu tous les livres.
7. Mme Carrière a travaillé toute sa vie.
8. M. Bonheur a survécu à toutes les catastrophes.
9. Je suis en retard. Toute la circulation est bloquée!
10. Nicolas a déménagé au Québec. Toute sa classe lui a écrit une lettre.

Station 1: Les verbes réguliers en -er — Page 25

Exercice 1

je chante — nous chantons
tu chantes — vous chantez
il, elle, on chante — ils, elles chantent

Exercice 2

1. Je cherche mon livre.
2. Il aime le football.
3. Nous préparons un gâteau.
4. Marie chante une chanson.
5. Elles cherchent le marché aux puces.
6. Nous détestons les devoirs.
7. Nicolas et toi, vous parlez du film?
8. Je mange un sandwich.
9. On regarde la télé.
10. Tu cherches quelque chose?
11. Vous aimez Paris?
12. Ils trouvent une maison à Strasbourg.

Station 2: Les verbes au présent — Page 26

Exercice 1

l'infinitif	aimer	trouver	chercher	détester	regarder	parler	discuter	habiter
je	j'aime	trouve	cherche	déteste	regarde	parle	discute	habite
tu	aimes	trouves	cherches	détestes	regardes	parles	discutes	habites
il/elle/on	aime	trouve	cherche	déteste	regarde	parle	discute	habite
nous	aimons	trouvons	cherchons	détestons	regardons	parlons	discutons	habitons
vous	aimez	trouvez	cherchez	détestez	regardez	parlez	discutez	habitez
ils/elles	aiment	trouvent	cherchent	détestent	regardent	parlent	discutent	habitent

Exercice 2

J'habite à Paris.
Elle aime jouer au foot.
Il ne trouve pas son livre.

Station 3: Où sont les verbes «être – avoir – faire»? — Page 27

Exercice 1

	avoir	être	faire
je	j'ai	suis	fais
tu	as	es	fais
il/elle/on	a	est	fait
nous	avons	sommes	faisons
vous	avez	êtes	faites
ils/elles	ont	sont	font

Exercice 2

1. Nous sommes de Paris.
2. Je fais beaucoup de sport.
3. Ils ont 24 ans.

Station 4: Aujourd'hui, je ne fais rien du tout!   Page 28

Aujourd'hui, je ne fais pas mes devoirs, je ne range pas ma chambre, je ne vais pas faire les courses, je n'apprends pas le vocabulaire, je ne joue pas avec ma petite sœur, je ne cherche pas la clé de maman, je ne prends pas de douche, je n'achète pas de baguette et je ne fais pas la vaisselle.

Station 5: En allemand c'est …   Page 29

1. je vois
2. ils viennent
3. il fait
4. nous sommes
5. tu mets
6. ils prennent
7. tu veux
8. vous écrivez
9. elles attendent
10. tu joues
11. elle peut
12. vous dites
13. je préfère
14. nous mangeons
15. j'achète

d) sehen – voir
a) kommen – venir
k) machen – faire
b) sein – être
g) legen/stellen – mettre
j) nehmen – prendre
c) wollen – vouloir
i) schreiben – écrire
l) warten – attendre
f) spielen – jouer
n) können – pouvoir
o) sagen – dire
e) bevorzugen – préférer
h) essen – manger
m) kaufen – acheter

Station 6: Non, non, non!   Page 30

Exercice 1

ne … pas: nicht, ne … plus: nicht mehr, ne … jamais: nie, ne … rien: nichts, ne … personne: niemand

Exercice 2

Marie:	Non, je ne fais plus mes devoirs!
Marie:	Non, je ne vais jamais au cinéma avec Marc et Philippe!
Marie:	Non, je n'ai rendez-vous avec personne!
Marie:	Non, je ne vois personne!
Marie:	Je n'ai rien!

Station 7: Sortir, dire, venir   Page 31

Exercice 1

	sortir	dire	venir
je	sors	dis	viens
tu	sors	dis	viens
il/elle/on	sort	dit	vient
nous	sortons	disons	venons
vous	sortez	dites	venez
ils/elles	sortent	disent	viennent
Imperativ	Sors! Sortons! Sortez!	Dis! Disons! Dites!	Viens! Venons! Venez!

Exercice 2

En été nous sortons souvent.
Je sors de la maison.
Il ne dit jamais la vérité!
Je prends deux pommes, disons trois!
Après l'école ils viennent chez moi.
Est-ce que vous venez aussi?

Station 1: Ce soir nous sommes très fatigués!

Page 32

Exercice 1

Papa a travaillé au magasin.
Maman a lavé le linge.
Ma sœur et mon frère ont rangé leurs chambres.
Mes grands-parents ont arrosé les fleurs dans le jardin.
Notre chien a creusé un trou.
Moi, j'ai joué au foot.

Exercice 2

Maman a fait les courses.
Mes grands-parents ont pris des photos.
Moi, j'ai regardé la télé.
Ma sœur a fait un gâteau pour nous.
Mon frère et mon père ont fait une promenade.

Station 2: Où est Coco?

Page 33

«Papa! Coco n'est plus là! On a cherché partout! Maman est montée à l'étage et elle a regardé dans votre chambre. Marie et Maurice sont descendus et ils ont cherché au sous-sol. Sophie est sortie et elle est entrée dans le garage. Mais là non plus, elle n'a pas trouvé Coco. Les grands-parents sont arrivés et ils sont restés pendant deux heures. Maintenant ils sont partis. Charles aussi, il nous a aidé. Il est allé dans le salon et dans la cuisine. Marie est allée dans sa chambre. Et moi, j'ai regardé dans ma chambre. RIEN! Coco n'est plus là, papa!» Le père a écouté toute l'histoire, puis il est allé dans la salle de bain et … voilà: Coco retrouvé: Il a joué pendant des heures avec le canard!

Station 3: Le passé composé avec «être»

Page 34

Exercice 1

Wie du sicherlich noch weißt, wird das passé composé der meisten Verben mit der konjugierten Form von „avoir" (haben) gebildet. Einige Verben haben als Hilfsverb allerdings das Verb „être" (sein). Hierbei handelt es sich hauptsächlich um Verben der Bewegung.
Wie war das noch mal? Die Präsensformen dieses Verbs lauten:

je	suis	nous	sommes
tu	es	vous	êtes
il/elle/on	est	ils/elles	sont

Exercice 2

verbe	passé composé	verbe	passé composé
aller	je suis allé	(r)entrer	ils sont (r)entrés
(re)venir	tu es (re)venu	monter	je suis monté
retourner	il est retourné	tomber	tu es tombé
(re)sortir	nous sommes (re)sortis	arriver	elle est arrivée
partir	vous êtes partis	rester	nous sommes restés
descendre	elles sont descendues		

Station 4: Rendez-vous aux Galeries Lafayette

Page 35

Exercice 1

Man muss bei Verben, die das passé composé mit dem Hilfsverb „*être*" bilden, eine **wichtige Besonderheit** beachten. Das participe passé muss an Geschlecht und Anzahl angeglichen werden!
Für das Verb „aller" (gehen) sieht das passé composé dann so aus:

	masculin	féminin
singulier	il est allé	elle est allée
pluriel	ils sont allés	elles sont allées

Man kann sich dies folgendermaßen merken:
Ähnlich wie ein Adjektiv wird auch das participe passé bei Verben mit dem Hilfsverb „être" angeglichen.
Das participe passé richtet sich hier dann in Genus (Geschlecht) und Numerus (Anzahl) nach dem Subjekt des Satzes!
Du weißt auch schon von den Personalpronomen, dass man selbst wenn nur ein einziger Mann in einer großen Gruppe von Frauen ist, das Pronomen „ils" (und nicht nach der Mehrheit „elles") verwendet. Dies gilt auch für die Angleichung des participe passé.
Exemple:
Marie, Sophie, Mme Laroche, Julie, Jeanne, Louise et Frédéric sont allés au cinéma.

Exercice 2

1. Aujourd'hui, Mme Laroche est allée aux Galeries Lafayette.
2. Elle est partie de la maison à une heure et demie.
3. A deux heures moins vingt, elle est arrivée à la station de métro devant les Galeries.
4. Son amie Mme Dujardin est venue en voiture.
5. Les deux amies sont montées au troisième étage.
6. M. Dujardin, le mari de Mme Dujardin, est venu aussi.
7. Ils sont restés ensemble pendant une heure.
8. Puis, M. Dujardin est descendu.
9. Les deux femmes ont acheté plusieurs choses, puis elles sont descendues aussi.
10. Tout à coup, le sac de Mme Laroche est tombé par terre. Heureusement tout s'est bien terminé!

Station 5: Mes vacances de l'an dernier

Page 36

J'ai joué au volley.
On a dansé en discothèque.
Mes amis et moi, nous avons écouté de la musique.
Nous avons mangé une glace.
J'ai appris le français.
J'ai souvent surfé sur Internet.
J'ai regardé la télé.
Je suis allé(e) chez mes grands-parents.
Nous sommes allé(e)s au zoo.
J'ai lu un livre.
Nous sommes allé(e)s au cinéma.
Nous avons fait de la musique.

Station 6: La lettre de Marie

Page 37

Marie a été à Paris. Ça a été très intéressant. Elle est allée au Louvre et elle a pris le métro pour la tour Eiffel. Elle est montée sur la tour et elle a pris des photos de la ville. À l'opéra elle a regardé le plafond décoré par Marc Chagall. L'après-midi, elle a fait un pique-nique au bord de la Seine avec son amie Elise. Elles sont allées sur l'île de la Cité et sont entrées à Notre-Dame. La cathédrale lui a plu beaucoup. Elle a vu le soleil derrière les très jolis vitraux. Elles ont eu rendez-vous avec le cousin d'Elise. Avec lui, ils sont montés sur la tour de Notre-Dame, et après vingt minutes ils sont descendus. Puis elle est rentrée à l'auberge de jeunesse et a mangé un sandwich. Elle a regardé les photos de sa journée à Paris.

Station 1: Cet après-midi je vais …

Page 39

Exercice 1

Das futur composé heißt so, da es aus der konjugierten Form des Verbs „aller" und dem Infinitiv des Verbs zusammengesetzt wird.
Nur zu Wiederholung: Das Verb „aller" (gehen) wird so konjugiert:

je	vais	nous	allons
tu	vas	vous	allez
il/elle/on	va	ils/elles	vont

Exercice 2

Je vais téléphoner à Aurélie et nous allons jouer au foot. Puis nous allons aller au cinéma. Nous allons faire du shopping. Le soir je vais prendre un bain et je vais faire un gâteau. Après tout cela je vais dormir.

Station 2: Toujours ces parents …

Page 40

Exercice 1

1. Vous allez téléphoner à la maison chaque soir!
2. Tu vas te brosser tes dents!
3. Tu vas te laver tes cheveux!
4. Tu vas prendre une douche!
5. Vous n'allez pas boire d'alcool!
6. Vous n'allez pas trop manger!
7. Vous n'allez pas vous blesser!
8. Vous allez être gentils avec les profs!
9. Tu vas ranger ta chambre!
10. Vous allez être calmes pendant la nuit!

Exercice 2

Tu ne vas pas faire de bêtises!
Vous allez jouer tous ensemble!

Station 3: Les vacances chez les grands-parents

Page 41

1. Nous allons aller au cinéma.
2. Nous allons regarder la télé.
3. Nous allons nous reposer.
4. Je vais écrire des cartes postales.
5. Nous allons pêcher.
6. Nous allons acheter des baskets.
7. Nous allons aller au marché aux puces.
8. Je vais plonger.
9. Je vais dessiner beaucoup.
10. Nous allons jouer aux cartes.
11. Je vais faire du cheval.
12. Je vais jouer au foot.
13. Je vais aller à la piscine.

Station 4: Et au futur? — Page 42

Exercice 1

Je vais prendre le petit-déjeuner. Je vais manger un croissant et un pain au chocolat. Je vais boire du jus d'orange. Après je vais sortir. Je vais aller au collège. À midi, je vais manger à la cantine. Puis je vais faire mes devoirs et je vais jouer au handball. Je vais rentrer à la maison. Je vais prendre une douche, je vais regarder la télé et je vais surfer sur Internet. Je vais aller au lit et je vais dormir toute la nuit.

Exercice 2

Je vais faire un gâteau.
Je vais manger le gâteau avec ma famille.
Je vais regarder les photos de mes grands-parents.

Station 6: Il manque les verbes ... — Page 44

Exercice 1

1. Les grands-parents de Noëlle vont faire de l'escalade, mais ils ne vont pas faire du roller.
2. Sophie va aller au club de golf avec ses parents.
3. Moi, je vais chercher un cadeau pour ma mère, je vais aller en ville. Alors, je ne vais pas rester à la maison.
4. Nous allons jouer au volley. Et toi? Est-ce que tu vas jouer avec nous? Ou est-ce que tu vas faire de la danse?

Exercice 2

1. Oui, nous allons regarder un film.
2. Non, je ne vais pas travailler comme médecin.
3. Non, il ne va pas faire de la musique.
4. Oui, je vais faire mes devoirs.
5. Oui, nous allons manger à sept heures.
6. Non, elles ne vont pas dessiner une affiche.

Station 7: On organise une fête! — Page 45

Exercice 1

1. Nous allons organiser une fête!
2. Adrienne va préparer les affiches.
3. Toi, tu vas appeler Céline.
4. Thierry et Madeleine vont acheter de la limonade, du gâteau et des chips.
5. Paul va apporter ses CD.
6. Thomas et Frédéric vont inviter Justine et Sarah.
7. Mes parents vont apporter une quiche pour nous.
8. Nous allons faire la fête toute la nuit.

Exercice 2

Monique va dire aux voisins que nous allons faire une fête.
Marine et Jean vont faire des sandwichs.

Station 8: La journée de Marie — Page 46

À six heures vingt Marie va se lever. À six heures et demie Marie va prendre une douche. À sept heures et quart elle va aller au collège. À huit heures moins le quart elle va arriver au collège. À une heure elle va aller à la cantine. À quatre heures elle va aller à la maison. De quatre heures et quart à cinq heures elle va faire de la musique. De six heures à six heures et demie elle va discuter avec sa mère. À dix heures moins le quart elle va aller au lit.

Station 1: Est-ce que tu connais les questions avec «est-ce que»? — Page 47

1. Est-ce que tu habites Rue Gustave Eiffel?
2. Est-ce que tu aimes l'Allemagne?
3. Est-ce que vous venez avec moi?
4. Est-ce qu'elle joue au foot?
5. Est-ce que tu as des chiens?
6. Est-ce que vous aimez Strasbourg, Mme Laroche?
7. Est-ce que tu manges un sandwich?
8. Est-ce que nous allons au cinéma?
9. Est-ce qu'on va à la maison?

Station 2: Qui es-tu? — Page 48

	Où est-ce que tu habites?	Wo wohnst du?	Comment tu t'appelles?
Wie heißt du?	Qu'est-ce que tes amis font ce soir?	Was machen deine Freunde heute Abend?	Quand est-ce que tu vas à l'école?
Wann gehst du in die Schule?	Pourquoi est-ce que tu ne joues pas?	Warum spielst du nicht?	Qui est-ce?
Wer ist das?	Quand est-ce que le film commence?	Wann fängt der Film an?	Comment est-ce que tu trouves «Zaz»?
Wie findest du „Zaz"?	Où est-ce que tu passes tes vacances?	Wo verbringst du deine Ferien?	Qui est ton acteur préféré?
Wer ist dein Lieblingsschauspieler?	Combien ça fait?	Wie viel macht das?	Pourquoi est-ce qu'il ne vient pas?
Warum kommt er nicht?	Que fait ton oncle?	Was macht dein Onkel?	Qu'est-ce que c'est?
Was ist das?			

Station 3: Un dialogue en désordre — Page 49

- Salut! Ça va?
- Oui, ça va bien. Et toi?
- Moi, super.
- Comment tu t'appelles?
- Je m'appelle Alain. Et toi?
- Je m'appelle Frédéric.
- Quel âge as-tu?
- J'ai douze ans. Et toi?
- Aujourd'hui c'est mon anniversaire. Maintenant j'ai treize ans.
- Ce n'est pas possible! Alors: Joyeux anniversaire!
- Tu es nouveau ici, non?
- Oui. Est-ce que tu habites ici?
- Non, j'habite rue de l'Église. C'est à cinq minutes d'ici. Et toi?
- J'habite juste à côté du magasin là-bas.
- Est-ce que tu as des frères et sœurs?
- J'ai une sœur. Et toi?
- J'ai un frère et une sœur.
- Tu viens au cinéma avec moi?
- Quel film est-ce que tu veux voir?
- «Le Petit Nicolas» – c'est cool!
- Bon, d'accord. Allons au cinéma!

Station 4: Toujours des questions! — Page 50

Où est la tour Eiffel?
Quand est-ce que papa rentre à la maison?
Que font M. et Mme Dupont?
Qui lit une liste?
Que fait Frédéric?
Avec qui est-ce que Sophie va au cinéma?
Pourquoi est-ce que tu vas à la piscine?

Station 5: Mon petit frère a effacé mes devoirs! — Page 51

Exercice 1

1. Comment tu t'appelles?
2. Pourquoi vous êtes en retard?
3. Où sont mes chaussures?
4. Quand est-ce que Marine vient?
5. Qui est ton prof préféré?
6. Qu'est-ce qu'ils font à Paris?
7. Quelle heure est-il, s'il vous plaît?
8. Ça coûte combien?
9. Où est-ce que je trouve la pharmacie?
10. Qu'est-ce qu'il y a dans le carton de maman?

Exercice 2

Qu'est-ce que vous faites cet après-midi?
Où est-ce que tu habites?
Pourquoi est-ce que tu n'aimes pas le foot?
Quel âge as-tu?
Quand est-ce que vous allez au lit?

Station 6: Comment ça se dit en français? — Page 52

1. Où est-ce que tu habites?
2. Quand est-ce que Paul et Manon viennent?
3. Qu'est-ce que tu aimes?
4. Combien de chaussures est-ce que tu as?/Combien de chaussures as-tu?
5. Pourquoi est-ce que tu as le livre de Sophie?
6. Comment est-ce qu'on dit «Schwimmbad» en français?
7. Où est la bibliothèque?
8. Qui est-ce?
9. Qui a faim?

Station 7: Les mots croisés — Page 53

			1	O	Ù	E	S	T	**P**	A	P	A	?				
					2	C	**O**	M	M	E	N	T	Ç	A	V	A	?
	3	Q	U	E	S	T	C	E	Q	**U**	E	T	U	P	E	N	S	E	S	?
4	Q	U	I	E	S	T	P	I	E	**R**	R	E	?
		5	T	U	V	I	E	N	S	**Q**	U	A	N	D	?
	6	Q	U	E	S	T	C	E	Q	**U**	E	T	U	F	A	I	S	?
				7	I	L	S	**O**	N	T	Q	U	E	L	Â	G	E	?
						8	Q	U	**I**	E	S	T	C	E	?
			9	D	A	C	C	O	R	D	?

Solution: Pourquoi?

Station 8: Qu'est-ce que ça veut dire? — Page 54

Exercice 1

comment = wie, combien = wie viel, quand = wann, pourquoi = warum, où = wo, que = was, qui = wer

Exercice 2

Comment tu t'appelles?
(D: Wie heißt du?)
Où est-ce que tu habites?
(D: Wo wohnst du?)
Qui est ton acteur préféré?
(D: Wer ist dein Lieblingsschauspieler?)
Quand est-ce que vous allez au cinéma?
(D: Wann geht Ihr/gehen Sie ins Kino?)

Station 1: Je le comprends — Page 55

Exercice 1

1. Pers. Sg.	→ me	1. Pers. Pl.	→ nous
2. Pers. Sg.	→ te	2. Pers. Pl.	→ vous
3. Pers. Sg. (m.)	→ le	3. Pers. Pl. (m.)	→ les
3. Pers. Sg. (f.)	→ la	3. Pers. Pl. (f.)	→ les

Exercice 2

1. Claire l'aime.
2. Noah la prend.
3. Tu l'apportes?
4. Ils les mettent dans le frigo.
5. Nous les regardons.
6. Elle la prend.
7. Vous le vendez aussi?
8. Non, on ne le mange pas.

Station 2: Oui, je le sais! — Page 56

Exercice 1

1. les, 2. la, 3. le, 4. les, 5. la, 6. les, 7. le, 8. ne le préparent pas, 9. la, 10. les

Exercice 2

Ils cherchent leurs chemises. Ils les cherchent.
Elle trouve le livre de Paul dans la salle de bain. Elle le trouve dans la salle de bain.
Nous aimons beaucoup la musique d'Obispo. Nous l'aimons beaucoup.

Station 3: Comment utiliser le pronom d'objet direct? — Page 57

Exercice 1

Tu vois mon chien?	Oui, je le vois.	Ja, ich sehe ihn.
Tu prends une photo du collège?	Oui, je la prends.	Ja, ich mache es.
Tu trouves mes chaussures?	Oui, je les trouve.	Ja, ich finde sie.
Tu manges les quiches?	Oui, je les mange.	Ja, ich esse sie.

Exercice 2

1. Il les dessine.
2. Il la dessine.
3. Il le dessine.
4. Il les dessine.

Station 4: Je me demande … — Page 58

Exercice 1

1. Pers. Sg.	→ me	1. Pers. Pl.	→ nous
2. Pers. Sg.	→ te	2. Pers. Pl.	→ vous
3. Pers. Sg. (m.)	→ lui	3. Pers. Pl. (m.)	→ leur
3. Pers. Sg. (f.)	→ lui	3. Pers. Pl. (f.)	→ leur

Exercice 2

1. Chloé lui écrit une lettre.
2. Hugo nous demande notre avis.
3. Les parents leur racontent une histoire.
4. Tu lui donnes une glace.
5. Nous leur écrivons des cartes postales.
6. Elle lui téléphone.
7. Vous lui dites votre adresse.
8. Non, on ne lui parle pas.

Station 6: Je te le dis! — Page 60

Paul a un problème avec Frédéric. Il en parle à ses parents.
Il **leur** montre son livre.
Frédéric a dessiné des petits bonhommes de neiges.
Il **les** a dessinés à la page 96 du livre.
Ses parents **lui** demandent beaucoup de choses.
Les parents: «Paul, tu as parlé à tes copains? Tu **leur** as raconté ce que Frédéric a fait?»
Mais Paul ne **leur** parle plus.
Paul raconte: «Mes copains ne **me** croient pas! Ils pensent que j'ai dessiné cela moi-même.»
Alors les parents écrivent une lettre.
Ils **l'**écrivent à Mme Laroche, la maman de Frédéric.
Ils **lui** disent ce que son fils a fait.
Plus tard, Mme Laroche téléphone à Paul.
Elle **lui** dit qu'elle a parlé à Frédéric.
Il **lui** a dit qu'il a dessiné dans le livre.
Le lendemain il va parler aux copains et il va **leur** dire ce qu'il a fait.
Le lendemain, Frédéric vient chez Paul: «Paul, je **te** demande pardon.»
Paul: «D'accord. Mais ne **le** fais plus!»
Frédéric: «Promis!»

Station 7: Toujours la grammaire!

Page 61

Exercice 1

Das „pronom d'objet direct", also das direkte Objektpronomen, wird verwendet, wenn das zu ersetzende Nomen direkt (= ohne Präposition!) an das Verb angeschlossen ist. Das „pronom d'objet indirect", also das indirekte Objektpronomen, wird immer verwendet, wenn das zu ersetzende Nomen mit einer Präposition, wie z. B. „de" oder „à", an das Verb angeschlossen ist.
Exemple: chercher une maison aber *parler à une amie*

Exercice 2

	pronom d'objet direct	pronom d'objet indirect	phrase transformée	
1	X		Je la cherche.	
2	X (1)	X (2)	Ils les montrent à Jeanne. Ils lui montrent les photos.	(1) (2)
3	X		Tu l'aimes?	
4		X	Nous lui téléphonons.	
5	X		Marc les invite.	
6	X (1)	X (2)	Vous le donnez à vos amis? Vous leur donnez un CD?	(1) (2)
7	X		Tu le cherches?	
8	X (1)	X (2)	Elle la raconte aux enfants. Elle leur raconte une histoire.	(1) (2)

Auer empfiehlt

Die optimale Ergänzung zu diesem Buch:

96 S., DIN A4
▸ Best-Nr. **06803**

Katharina Walter

Französisch an Stationen 1. Lernjahr
Übungsmaterial zu den Kernthemen der Bildungsstandards

▸ Mit Stationentraining gezielt üben!

Mit der Stationen-Reihe trainieren Ihre Schüler gleichzeitig methodische und inhaltliche Lernziele. Die handlungsorientierte Arbeit an Stationen fördert das selbstständige Lernen jedes einzelnen Schülers. Durch die Vielfalt der Aufgabenstellungen und damit auch der Lösungswege lernen alle Schüler trotz unterschiedlichster Lernvoraussetzungen besonders nachhaltig. Die Inhalte der einzelnen Stationen decken die Kernthemen der Lehrpläne Französisch für das 1. Lernjahr ab. So gelingt es Ihnen, Methodenlernen sinnvoll in Ihren Unterricht zu integrieren! Die Materialien sind auch für fachfremd unterrichtende Lehrer geeignet.

Die Themen dieses Bandes:

A la Maison (présent) | Les activités (le futur composé) | A l'école | Péparons und fête | Les nombres, l'heure et l'année | Les questions | Les thèmes mélangés

Der Band enthält:

6-12 Stationen pro Themenbereich | insgesamt über 60 Arbeitsblätter als Kopiervorlagen | einen umfangreichen Lösungsteil.

WWW.AUER-VERLAG.DE
WEBSERVICE

www.auer-verlag.de/go/
06803

Blättern im Buch

Download

Leseprobe

Weitere Titel aus der Reihe:

Maria Cristina Catalano, Amela Vucic
Französisch an Stationen 2. Lernjahr
Übungsmaterial zu den Kernthemen der Bildungsstandards!
80 S., DIN A4
▸ Best-Nr. **07138**

Bestellschein (bitte kopieren und faxen/senden)

Ja, bitte senden Sie mir gegen Rechnung:

Anzahl	Best.-Nr.	Kurztitel
	06803	Französisch an Stationen 1. Lernjahr
	07138	Französisch an Stationen 2. Lernjahr

☐ Ja, ich möchte per E-Mail über Neuerscheinungen und wichtige Termine informiert werden.

E-Mail-Adresse

Auer Verlag
Postfach 1152
86601 Donauwörth

Fax: 09 06 / 73-178
oder einfach anrufen:
Tel.: 09 06 / 73-240
(Mo-Do 8:00-16:00 & Fr 8:00-13:00)
E-Mail: info@auer-verlag.de

Aktionsnummer: 9066

Absender:

Vorname, Nachname

Straße, Hausnummer

PLZ, Ort

Datum, Unterschrift

Station 2 — Qu'est-ce qu'on fait aujourd'hui?

A la maison (le présent)

Name:

Exercice 1

Note ce que les enfants font aujourd'hui. Ecris les phrases dans ton cahier.

Marie et Camille	Jacques	Pauline	Paul et Marc
aller en ville	téléphoner à Pierre	rencontrer ses amis	regarder la télé

Exercice 2

Demande à ton partenaire ce que sa famille fait aujourd'hui.
Ecris les réponses dans ton cahier.

Exercice 3

Qu'est-ce que Pierre fait aujourd'hui? Ecris des phrases dans ton cahier.

1. les Beatles

2. Jean

3. son vélo

4. avec Jean

5.  pour maman